JN409876

진
영
광
詩
集
II

〔篆刻 : 古岩 鄭昞例〕

■ 이 시집은 저자의 변호사 생활 25주년을 기념하여 발간한 것임.

시집을 엮으며

이 세상에
울음 운 지 55년

변호사 생활
어느덧 25년

짧다면 짧고
길다면 긴 세월

삶을 살면서
보고, 듣고, 느낀 것을
글로 써보았습니다.

뒤돌아보면 아쉬운 때도
즐거운 때도
많았습니다.

오늘의 내가 있게 한
모든 이들에게
이 책을 바칩니다.

변호사 진 영 광

차례

身邊斷想 75

春夏秋冬

四時

- 陶淵明(365～427)

春水滿四澤
봄 물은 연못에 가득하고

夏雲多奇峰
여름 구름은 산봉우리들처럼 떠 있네.

秋月揚明輝
가을 달은 밝은 빛을 비추고

冬嶺秀孤松
겨울 산마루엔 큰 소나무 한 그루 서 있네.

봄이 봄인 까닭은

봄이 봄인 까닭은,
겨우내 추위에 시달려
푸르뎅뎅하던 보리밭이
연녹색으로 바뀌었음이요.

봄이 봄인 까닭은,
봄눈 녹아 흐르는 개울가에
실가지를 드리운
갯버들이 있음이라.

진정 봄이 봄인 까닭은,
터질듯 연분홍 진달래 꽃망울과
활짝 웃는 샛노란 개나리가
우리를 깨워주기 때문이다.

(1994. 봄)

겨울 그리고 봄

겨우 내내
발가벗고 지내다가
어느새
파릇파릇한 옷으로 갈아입었소.

겨우 내내
움츠리고 있다가
어느새
너울너울 춤을 추고 있소.

봄기운

오늘 내리는 가랑비가
봄을 재촉하누나.

아직 바람은 차갑지만
어느새 봄은 우리 옆에 와 있구나.

시냇가 버들가지엔 물이 오르고
앞산 뒷산 진달래 앞 다퉈 웃는구나.

(1990. 3. 末)

새순

이슬을 머금고
날마다 날마다
새록 새록……

연두 빛 잎새마다
봄의 숨결이
여린 여릿……

(1996. 봄)

어느 봄날

가랑비가 소리 없이
온 누리를 적시고,

앞산 뒷산 진달래
앞 다퉈 웃는,

시냇가 실버들
물이 오르고,

저 멀리 아지랑이
아른거리는,

오늘 다시 맞은
새로운 봄날

(1992)

봄꽃

삼월의 바람결
사월의 빗속에
피고 지는 꽃은,

산자락 진달래
무덤가 할미꽃
길섶 개나리
울밑에 민들레
담장 안 모란꽃

그 중에 봄꽃은
뭐니 뭐니 해도
개나리 진달래라.

(1997. 4.)

벚꽃1

꽃망울 터트린 지 엊그제 같은데
가안밤 내린 비에 꽃비 되어 내리네
꽃 중에 화사한건 너뿐인가 하노라

벚꽃2

화사한 너의 모습에
밝은 달빛이
저리도 무색한 것을
예전엔 미처 몰랐어요.

하루 이틀 지나
비바람에 지쳤는지
너 또한 간데없으니
花無十日紅이구나.

(1995. 4.)

四月

이 산 저 산에선
연분홍 진달래가 꽃망울을 앞 다퉈 트고
이 집 저 집 담 머리엔
희디흰 목련이 자태를 살포시 드러낸다.
하지만
4월의 날씨는
여자의 마음만큼이나
변덕스럽다.
그래서
T. S. 엘리엇이
4월은 가장 잔인한 달이라고
했나보다.
그래도
4월에는
이 대지를 촉촉이 적셔주는
가랑비가 있어 좋다.

(1995. 4. 1.)

4월의 길목

잎 날 때
잎샘하고

꽃 필 때
꽃샘하니

잎샘
꽃샘
추위는
삶의 시작이고,

잎 날 때
잎샘하고

꽃 필 때
꽃샘하니

잎샘
꽃샘
추위는
생명의 불꽃이라.

(1997. 4.)

봄날은 간다

산자락엔 산수유가 웃고,
매화가 暗香을 풍기고,
개나리, 진달래, 하얀 목련
一片花飛 減却春이거늘
민들레 홀씨 되는 날
봄날은 간다.

5月에 생각해 봅니다

한 점 꾸밈없이
환하게
웃고 뛰노는
어린이들을 바라보며
난 어릴 적 나를 되돌아봅니다.

이 땅에 생명을 주신 어버이
그리고 배움을 주신 스승님
당신들은 모두
나에게
촛불이었습니다.

이처럼 5月은
만물이 약동하고
나날이 푸르름을 더해감에
생명 하나하나에
감사하는 달이기도 합니다.

(1995. 5.)

여름

소나기 끝에
저 멀리 산등성엔
무지개가 걸치고
공해에 찌든 하늘이
제 모습을 드러낼 때
어디선가 불어오는 산들바람
숯등걸 된 이 가슴을 적셔 주네

(1992)

한여름

시원한 바람타고
울어대는 매미들의 합창에
한여름은 더욱 익어 가는데,
철썩거리는 바닷물소리
똑딱선의 통통 소리
갈매기 울음소리
자장가 삼아
한여름은 졸고 있네.

7월

칠월이 왔다.
어정어정 칠월이 왔다.
태양이 작열하고
소나기가 퍼 붓는
정열의 달 7월이 왔다.
일렁이는 파도 위에서
푸르디푸른 숲 속에서
남녀노소 누구나
생명의 시위를 당겨보는
7월이 왔다.
7월의 태양아래
밝고
뜨겁고
건강한 사랑의 불을
온 누리에 지펴보자.

(1995. 7.)

8월이 오면

8월이 오면
강이 손짓한다.
바다가 부른다.

8월에는,
잠 못 이뤄 뒤척거리다
맑은 아침에서야 잠이 든다.

8월이 오면
억압의 늪에서 용솟음치던
만세소리가 귓전을 때린다.

8월이 가면
삼라만상 모두다
몸부림치다 녹초가 된다.

(1995. 8.)

9월에 서서

1

지난여름은
무척이나
무덥고 지루하였습니다.

계절의 문턱에선
세찬
비바람이 몰아쳤습니다.

하지만
지금은
아침저녁으로 찬바람이 붑니다.

2

한 계절을 보내면서
우리는
많은 동포를 잃었습니다.
백화점 건물이 무너지고
수마가 핥고 지나간 자리
많은 생명을 앗아갔습니다.

하지만
지금
이 땅은 조용할 따름입니다.

3

왜 이리도
지난 석 달은
우리에게 시련만 갖다 줬습니까?

이 가을에
저 한가위 달을 바라보는 이 가슴이
답답하기만 한 것은 어찌된 일입니까?

하지만
이제라도 우리 다 함께
本立道生의 길을 갑시다.

(1995. 9. 9.)

햇살이 그립습니다

올 여름에는
유난히도 비가 많이 내렸습니다.
어떤 날은 하늘이 구멍이라도 난 듯
물동이로 쏟아 부었습니다.
한강 물이
푸르지가 않습니다.
붉은 흙탕물로
그득합니다.
요즘 그 어느 때보다도
어렵다고들 합니다.
국민들이 토해내는
핏물이 아니길 바랍니다.
해도 해도 너무합니다.
인심이 사납습니다.
하늘도 따라주질 않습니다.
해맑은 햇살이 그립습니다.

(2003. 9.)

가을들녘

누런 들판 한가운데
곡식들이 익어가고
정자(亭子)나무 아래에서
촌노들이 길게 담뱃대를 문 채
정담을 나눌 때
뒤따라 마실 나온 누렁이
하품하고 있네.

산기슭 언덕배기
주렁주렁 열린 감
옹기종기 맞닿은
야트막한 지붕 위에
나뒹구는 호박들
하양, 분홍, 빨강 꽃들
길섶에서 뽐내고 있네.

(1996. 9. 25. 옥천)

낙엽을 밟으며

지난 밤 무서리에
숨죽인 들국화 옆에서

바람에 나뒹구는
낙엽을 밟으며 ……

지난날을 되돌아 볼 수 있다는 게
이 얼마나 좋으냐?

어제가 오늘 같고
오늘이 내일 같기를

바라고 바라는 마음에서
또 밟고 또 밟는다.

(1992.)

낙엽1

내 발등을 간지럽히다
어디론지 사라지는 낙엽

'기나긴 겨울이 가고
새 봄이 오면
푸르른 잎으로
다시 태어난 다고'
속삭인다.

빠스락 빠스락

낙엽2

모였다
흩어졌다
앞 다퉈 경주하네.

이만치 왔다가
저만치
가을은 가네.

(1998. 가을 어느 날)

첫눈

야!
첫눈이다!
펑~ 펑~
하얀 눈이 내리던 날
여기 저기
아이들의 환호성

여보세요?
첫눈이 내려요?
펑~~ 펑~~
하얀 눈이 내리던 날
여기 저기
연인들의 속삭임

이 작은 가슴 한구석에도
첫눈은 내리고 있답니다.

(1998. 11.)

다시 내리는 눈

하얀 눈
하얀 눈,

오늘
다시 내리는 눈은
희고도 희다.
1994년을,
갖은 더러움을
씻어 내거라.

어느새
눈 녹아
검고 검으니,
아직도
멀었나 보다
눈 내릴 날은……

(1995. 1. 12.)

눈

밤사이 하얀 눈이 수북수북 쌓였구나
어느새 내 마음은 고향으로 달려간다
모든 게 하얗던 그 시절이 그립구나

화로

문풍지가 떠는 추운 겨울밤
불씨를 오롯이 갈무리한 화롯가에서
고구마가 익어갈 때
할머니의 옛이야기 술술 풀려나오던
그때가 그립습니다.

화롯불이 사위어 갈 때까지
어머니는 인두를 달구어 섶을 다리고
도련을 후려 꺾던 어머니의 고운 솜씨
도란도란 타오르던
그 옛정이 그립습니다.

바람

바람이 차다
기온은 올라가는데
춥게 느껴지니 어이된 일인가
바람이 잦음은
봄이 멀지 않았음을 알리느니

요즘 지저분한
게이트바람은 언제쯤 잘까?
진정
바람이 바람으로 좋을 때
그날을 기다려 본다.

自我省察

서시

\- 윤동주(1917 ~ 1945)

죽는 날까지 하늘을 우러러
한 점 부끄럼이 없기를,
잎새에 이는 바람에도
나는 괴로워했다.
별을 노래하는 마음으로
모든 죽어가는 것을 사랑해야지
그리고 나한테 주어진 길을
걸어가야겠다.

오늘밤에도 별이 바람에 스치운다.

有無

나의 有罪란 무엇인가
모르고 있음을 알지 못함이요
나의 無罪란 무엇인가
그래도 무언가 알고 있음이다

도대체 무엇을 안단 말인가
벌거벗은 肉身의 나
겉치레한 精神의 나
나를 안단 말이다

이제 벗어던지자.
外界의 흐름을 타지 않는
나만의 나를 위해
털어버리자.

(1978. 10. 13.)

사랑은

1

사랑은 어떤 관계가 아닙니다.
사랑은 서로의 마음입니다.

사랑에는
동포애,
모성애,
이성애가 있습니다.

그 중에 가장 숭고한 사랑은 모성애 입니다.
그 까닭은 희생의 소산이기 때문입니다.

2

사랑은 어떤 감흥이 아닙니다.
사랑은 서로의 약속입니다.

사랑에는
동포애,
모성애,
이성애가 있습니다.

그 중에 가장 깊은 사랑은 이성애 입니다.
그 까닭은 의지의 소산이기 때문입니다.

내가 좋아하는 사람은

내가 좋아하는 사람은,
언행이 일치하는 사람
숨어서 사랑을 실천하는 사람을
난 좋아한다.

내가 좋아하는 사람은,
정의로운 사람
公과 私를 분명히 구별하는 사람을
난 좋아한다.

내가 좋아하는 사람은,
진실한 사람
소통할 수 있는 사람을
난 좋아한다.

내가 좋아하는 사람은,
용기있는 사람
NO라고 분명히 말할 수 있는 사람을
난 좋아한다.

내가 좋아하는 사람은,
내일 지구가 망할지라도
오늘 사과나무를 심을 줄 아는 그런 사람을
난 좋아한다.

(1999. 8. 15.)

내가 싫어하는 사람은

내가 싫어하는 사람은,
언행이 일치하지 않는 사람
말만 앞세우고 실천하지 못하는 사람을
난 그런 사람을 싫어한다.

내가 싫어하는 사람은,
주체성이 없는 사람
줏대가 없는 사람을
난 그런 사람을 싫어한다.

내가 싫어하는 사람은,
卑屈한 사람
남 앞에선 비위맞추고 뒤돌아서 욕하는 사람을
난 그런 사람을 싫어한다.

내가 싫어하는 사람은,
無知한 사람
'-체'하는 가식적 인간을
난 그런 사람을 싫어한다.

(1978. 11. 17. 대학졸업 사은회를 마치고)

나를 슬프게 하는 것

어른들은
'-해서는 안 된다'고 하면서도
뒤돌아선 해서는 안 될 일을 할 때
이는 나를 슬프게 한다.

말하는 이는
진실을 말하는데도
들어주는 이가
진심을 알아주지 않을 때
이 또한 나를 슬프게 한다.

눈에서 눈으로
마음에서 마음으로
서로를 느낄 수 없으니
이것이 나를 가장 슬프게 한다.

(1981. 9. 1.)

내가 행복할 때1

아침 햇살을 머금고
막 피어난 꽃봉오리를 보는 순간
나는 행복합니다.

태양이 내리쬐는 한낮
나무그늘에 누어 산들바람을 맞을 때
나는 행복합니다.

마음이 통하는 이들과
술잔을 기울이며 진솔한 얘기를 나누는 순간
나는 행복합니다.

비바람이 치는 밤
돌아갈 집이 있어 잠자리에 드는 순간
나는 행복합니다.

(2008. 8. 26.)

내가 행복할 때2

무엇으로도 살 수 없고
무엇과도 바꿀 수 없는
내 사지가 멀쩡하다는 게
나는 행복합니다.

무엇으로도 살 수 없고
무엇과도 바꿀 수 없는
아내 그리고 딸·아들이 있다는 게
나는 행복합니다.

많지도 적지도 않은 돈에
나만의 맛집이 하나둘 늘어
먹고 싶은 것을 먹을 수 있다는 게
나는 행복합니다.

必要

나에겐 무엇이 必要한가?
時間과
勇氣가

나에겐 무엇이 不必要한가?
망설임과
외롬이

(1978. 한해를 보내며)

사람을 찾습니다

나 아닌
또 다른 나를 찾습니다.
세태에 물들지 않은
그런 나를 찾습니다.

사람을 찾습니다.
우리를 찾습니다.
서로 아끼고 위하는
그런 우리를 찾습니다.

사람을 찾습니다.
인간다운 사람을 찾습니다.
옳고 그름을 가릴 줄 아는
사람을 찾습니다.

사람을 찾습니다.
사람을 사람답게 대해 주고,
사람답게 대해 줄줄 아는
그런 사람을 찾습니다.

그러나 이 땅엔 사람이 없습니다.
사람 같은 사람만 있을 뿐입니다.
우리 사람으로
어서 돌아갑시다.

(1982. 겨울)

삶1

누군가는
왜 사냐고 물으니
그냥 웃었다

누군가는
무엇 때문에 사느냐고 물으면
살기 위해 산다고 했다

살 줄 아는 만큼
일할 줄도 아는 삶
이게 질(質)있는 삶이 아닐까?

(1994. 11. 14.)

人生은

人生은,
運命이란
오목한 쌍곡선과
努力이라는
볼록한 쌍곡선의
만남이 아닐까?

(1986. 2. 11.)

삶2

어린 시절 우린
뭘 먹고 살았나요?
밤하늘 별을 따며
꿈을 먹고 살았습니다.

어린 시절 우린
뭘 믿고 살았나요?
그 꿈을 이룰 수 있다고
믿고 살아왔지요.

지금 우린
뭘 먹고 사나요?
아직도 별을 헤아리고 있나요?
아직도 이루지 못한 꿈이 있나요?

하지만 우린
풍요 속 빈곤에
불확실한 미래에
속고 또 속으며 살고 있네요.

(1996. 7. 15.)

眞善美

내가 바라는 삶은,
참되고
착하며
아름다움 삶
바로 그런
삶이랍니다.

(1982. 5. 9.)

이 좋은 세상

누군가
뜻이 있는 곳에
길이 있다고
말했지만

인생살이
언제나
뜻대로 되는 것만은
아닌가 보다

그렇다고
이 좋은 세상을
헛되이
보낼 수야?

내 나이 40

어느덧
내 나이도 不惑의 마흔
지난날을 되돌아보고
앞날을 마무려야 할
인생의 마루턱에 올라
머리에 흰 머리카락이
하나 둘 늘어감에
세상사는 맛도 그만큼
더 깊어지는
四十 不動心을
깨달을 수 있을까?

(1994. 1. 1.)

곡소리

아이고! 엄마……

잠든 이 한밤에
천지를 뒤흔드는 소리

못 다한 정성이
원통하단 말인가

맺어진 정이
서럽단 말인가

아이고! 엄마 ……

인연은 더욱더
멀어져만 가네.

(1991. 여름)

아름다운 것들

만들어가는 얼굴보다
타고난 얼굴이 아름답고,

화려한 조화(調花)보다
강한 생명력을 지닌 들꽃이 아름답다.

거짓으로 위장된 가면보다
찌든 얼굴이 아름답고,

번쩍이는 완장보다
묵묵히 제 갈 길을 가는 민초들이 아름답다.

(2001. 1. 15.)

난 좋다

오가다 마주치는 사람
이름은 모르지만
눈인사라도 나눌 수 있어
난 좋다.

오가다 보이는 들꽃
이름은 알 수 없지만
환한 그 미소가 있어
난 좋다.

오가다 들리는 새소리
이름은 알 수 없지만
내 귀를 즐겁게 해주니
이 역시 난 좋다.

(2001. 12. 한 해를 보내면서)

친구

내 곁엔 많은 사람들이 있다.
하지만,
나를 주고받을 수 있는 사람은 없다.
있다면,
그것은 오로지 대자연
　인적 끊긴 심산계곡
　텅 빈 겨울바다
　풀내음 나는 허허벌판
　구름 한 점 없는 하늘
그뿐인가 보다.

1997년(丁丑年)

우리 인간사는
왜, 이리도 경박할까?
왜, 저리도 조급할까?

우리 인간들은
소처럼 우직할 수는 없을까?
소처럼 여유를 가질 수는 없을까?

여보게들 새해에는
미련할 만큼 성실한 쇠고집으로
되새김질 하면서 살아보세.

(1997. 1. 4.)

0時 0分 0初

내 모든 꿈은
덧없는 것이었던가?
지난날들은
돌이킬 수 없는 것인가?
自由,
平等,
正義,
난 지금 어쩔 수 없어요,
사랑,
낭만,
젊음,
지금 난 느낄 수 없어요,
不自由한 肉身
걷치레한 精神
虛構의 나만
있을 뿐이요.

(1981. 1. 21.)

榮光의 그날을 기다리면서

여기 한 젊은이가 있다.
높은 뜻을 지니고
원대한 理想을 실현하고자
肉體的·精神的 難關을 무릅쓰고
젊음을 불태워
젊음을 꽃피우려 한다.

失敗, 挫折, 後悔가 교착되는
過去에 매달리지 않고,
不確實한 未來에 집착하지 말고,
오늘 한 瞬間, 한 瞬間에
정성을 다하자.
오로지 榮光의 그날을 기다리면서……

(1979. 8. 天源 萬鎬寺에서)

身邊斷想

立春斷想

- 정약용(1762~1836)

사람은 하늘과 땅 사이에서
몸가짐을 바르게 하는 것이 그 본분

어리석은 자는 본래의 선(善)함을 잃고
평생을 입고 먹는데 바친다네

효성과 우애가 인(仁)의 근본이요
학문은 그 남은 힘으로 하는 것이니

힘겹게 노력하지 않는다면
세월 따라 그 덕(德)을 잃어가리라

6月 2日

11년 전 오늘
웨딩마치가 울릴 때,
나는
펄럭 펄럭
서둘러 나갔고,
하얀 신부는
나붓나붓
내게로 다가왔었다.
그 동안 우린
얼마만큼 사랑하고
얼마나 싸웠으며
얼마 동안 참아 왔는지?
하지만
서로 답은 듣지 않기로 하자
앞으로
사랑할 날이 더 많고
우리의 웨딩마치는
아직 끝나지 않았으니……

(1995. 6. 2.)

가로수

푸르른 물기를 머금고
하늘 높이 치솟기만 하던 너
이젠 때를 아는지
무거운 어깨를 드리우고 있구나.
지난여름 비바람에 지쳤는지
지동차가 내뿜는 매연에 찌들었는지
이따금 일렁이는 바람에
너의 앙상한 가지를 살포시 내밀면서
한 계절을 말하여 주누나.

(1990. 11. 8. 오후)

蘭

빳빳한
잎새 사이로
앙상한
대공하나 올라와
淸楚롬히
꽃망울 달더니
어느새
속살을 벌림은,
해맑은
아낙네가
향풍을 건듯 ……

(1996. 7. 3. 素心)

산골 풍경

저물어 가는 석양빛아래
온 세상이 불그스레 물들어 가면
이내 땅거미가 지는데
어린 초동은 어둠을 뚫고
염소에게 풀을 뜯기고 있었다.

구름 한 점 없이 캄캄한 밤
하늘을 수놓은 듯 별사이
푸른 달빛 더욱 밝은데
목청껏 우짖는 귀뚜라미만이
밤의 정적을 깨뜨리고 있다.

양각산

산중은
예나 지금이나
다름이 없건만
인적은
끊긴 지 오래구나.

양각산 꼭대기
그 모습 변함없고
앞산 뒷산
오가는 산새만이
나를 달래 주누나.

(1982. 가을 사법시험 합격 후 고향길에서)

빗방울

방울방울
유리창에 생겼다 없어졌다
주루룩 흘러내려
없어졌다 생겼다
방울방울
빗방울

(1986. 7. 11. 한낮 유리창에 부딪치는 빗방울을 바라보며)

민방위날

길게 사이렌이 울린다.
복잡하게 오고 가던
자동차 물결이 멈추고
하늘엔 이따금
제트기만 요란하다.
텅 빈 도시공간엔
가로수 잎들만 아는지 모르는지
바람에 일렁이고 있다.

다시 사이렌이 울린다.
발길을 멈췄던
자동차 물결이 숨쉬고
제 갈 길 바쁜 행인들의 걸음걸이로
생기 띤 도시공간을 이룬다.
모두가 살아 움직인다.

(1987. 봄, 민방위날에)

붓자국

석양에
벌겋게 물든 하늘가엔
어디선가 빛을 발하다
이따금씩 나타났다 사라지는
비행기들

해질 녘
잿빛 하늘가엔
누군가가 긋다 말았는지
내 마음을 사로잡은
한 획의 붓자국

(1994. 2. 10. 외곽도로 타고 일산가는 길)

예전만 하지 못 하더이다

길가에 나뒹구는
누르칙칙한 은행잎들
예전만 하지 못 하더이다
노르디 노른 그 빛깔은 어디가고

맘 놓고 뛰놀던
울퉁불퉁 신작로도
예전만 같지 않더이다
오가는 차로 뒤엉켜 있으니

(1994. 11. 11.)

새해

묵은해가 가고
새해 아침 해가 솟았다.

새해엔 욕망을 버리고
새로이 희망을 품자.

새해엔 받지만 말고
아낌없이 주자.

새해엔 눈 위를 보지 말고
눈높이만큼만 보자.

(1994. 1. 1.)

설날

어제는 까치 설날
오늘은 우리 설날

조상님껜 차례
웃어른껜 세배

도, 개, 걸, 윷, 모
올해는 개처럼 뛰어보자

어른들은 이야기꽃을 피우고
아희들은 세뱃돈에 하루가 즐겁구나

어제는 까치 설날
오늘은 우리 설날

(1994. 2. 10.)

일요일

월
　　화
　　　　수
　　　　　　목
　　　　　　　　금
　　　　　　　　　　토
　　　　　　　　　　　　일

이레마다 돌아오는
일요일이 있기에
육체의 녹슬음과
정신의 찌들음을
없앨 수 있어
나는 좋다.

(1995. 7. 9. 일요일)

여행

바쁜 일상에 지쳤을 때
여행만큼 좋은 건 없다.

낯선 곳을 찾아 떠난다는 것은
다름 속에서 아름다움을 찾을 수 있어 좋다.

여행은 나에게 선물이다
나를 돌아 볼 수 있기 때문이다.

여행의 끝자락
돌아갈 데가 있어 감사할 따름이다.

내가 속한 일상 모두가
나에게 커다란 행운이다.

등산

헐떡헐떡
산에 오른다.

오르다 숨이 가쁘면
잠시 쉬었다 간다.

또 오른다.
또 쉰다.

아래를 내려보고
위를 쳐다본다.

오르다 벼랑을 만나면
돌아간다.

다시 쉰다.
다시 오른다.

뒤를 돌아보고
앞을 바라보며

돌아갈 줄 아는
인생의 지혜를 배운다.

벌떡벌떡
오늘도 산에 오른다.

Out of Africa

여명과 함께 펼쳐지는
케냐의 광활한 대초원에서
카렌[Karen]과 데니스[Denys]는,
경비행기 타고
창공을 날며
사랑과 삶을 만끽한다.

우리 인간살이는
사내에게 용기를 실험하고
계집에게 인내를 실험하는
영원한 고독만이 있을 뿐,
사랑 끝은 증오요
삶의 끝은 죽음이라.

짐승들은 건성으로 하는 게 없다.
서로 이해 속에
생존, 일, 짝짓기
마지못해 하는 경우는 하나도 없다.
허나 우리 인간들이 하는 일이란
너무나도 이해 타산적이다.

모차르트 선율에
이 가슴은 저미어 들고
처음부터 내 것만은 아니었던
장엄한 대자연 앞에
세속에 얽매인 나는
더욱 초라해지고 숙연해 질 수밖에 없다.

(1995. 7. 17.)

골프

골프채 잡자마자
머리 얹고
내기 골프 하면서도
100을 깨고
90을 깨고
이어 싱글이 되고 싶어 한다.
모두 일류가 되고자 한다.
티샷한 볼
슬라이스 아니면 훅이요,
페어웨이에서 친 볼
OB[1] 아니면 벙커라,
늘 반듯이만 날아간다면
어찌 골프 칠 맛나겠소.
티샷이나 숏 퍼팅이나
한 타는 매 한가지
그래서 티샷은 쇼요,
퍼팅은 돈이라 하지 않소.

---

1) out of bounds

횡단보도

쌩 쌩
마치 자동차 경주장 같다.
어디를 가길래
저리도 질주하는지 모르겠다.

흰색으로 그어진
보행자 안전지대건만
이따금 여기서
귀중한 생명과 신체를 앗아가니

이러다간
橫死步道될까 두렵다.

(1995. 5.)

복대리

집에서 일산법원까지
걸어서 갔다
무척 추웠다
법정에 들어서니 얼굴이 화끈거렸다
재판은 1분만에 끝났다
사건내용은 혼인무효사건이다
상대방이 허위로 혼인관계서류를 작성하여
혼인신고를 마쳤다는 것이다

법원에서 다시 돌아오는 길
많이 껴입은 탓에
등에는 땀이 나지만
얼굴과 귀는 얼얼하다
바닥엔 닥지닥지 껌딱지
꽁초꽁초 담배꽁초
이 추위에 얼마나
대한민국에 버렸습니까?

(2009.)

웃터골 친구들이여

우린 웃터골 한자리에 모여
열심히 공부했었지
마음껏 뛰놀기도 했었지
그리고 어린 가슴속에
'학식은 사회의 등불,
양심은 민족의 소금'을 되새기곤 했었지.

우리 다시 한자리에 모여
그 동안 열심히 살았는지
앞으로 어떻게 살는지
보고싶은 얼굴을 찾아서
못 다한 애기를 나눠 봄세.
우리 서로 우정을 더하고
세상사는 맛을 느껴보지 않겠는가!

(고교졸업 30주년행사를 맞이하여)

우체통[1]

큰길가 버스 정거장 옆
언제나 우두커니 서 있는
빠알간 나.

비가 와도 눈이 와도
우두커니 서서
심심한 나.

우산도 못 쓰고 털옷도 못 입고
아! 추운 나.
걷고 싶어라!
뛰고 싶어라!

---

1) 딸이 초등학교 3학년 때 지은 글.

잠자리[1)]

산수시간,
창가에 앉은 잠자리
커다란 눈을 번뜩이다가
어디론가
날아갔어요.

잠자리, 잠자리
어디로 갔을까?
'다음 산수시간에
또 올지도 몰라.'

1) 아들이 초등학교 2학년 때 지은 글.

經世治國

修身齊家治國平天下

자신의 몸과 마음을 바르게 한 사람만이
가정을 다스릴 수 있고,

가정을 다스릴 수 있는 자만이
나라를 다스릴 수 있으며,

나라를 다스릴 수 있는 자만이
천하를 평화롭게 다스릴 수 있다.

난 요즘 기다리며 산답니다

난 요즘 기다리며 산답니다.
미국에 가 있는 내 아내와 딸 아들이
내 품에 돌아와
만날 그 날을 기다립니다.

난 요즘 기다리며 산답니다.
그 무엇 하나 제대로 돌아가지 않는 이 나라가
자리매김을 하여
신바람 나는 그 날을 기다립니다.

난 요즘 기다리며 산답니다.
두 동강이 난 이 땅에 사는 우리 동포가
서로 서로를 믿어
화해하는 그 날을 기다립니다.

(1997. 8. 15. 52주년 광복절을 맞아)

건국 50년

6·25 전쟁 폐허 속에
살아있다는 것만으로 축복이었던 시절
꿀꿀이죽을 먹을망정 절망은 없었다.

경제개발계획의 삽질로
잘 살아 보겠다는 잡초의 생명력은
보릿고개의 질곡을 이겨냈다.

기름 한 방울 안 나는 설움 속
저축이 미덕이었던 시절
절대 빈곤에서 해방되었다.

유신, 긴급조치, 12·12 쿠데타의 군사독재
5·18 광주민주화운동, 6월 항쟁, 6·29 선언의 질풍노도
위대한 민주시민들이 역사를 바꿨다.

어느 날 갑자기 찾아온 IMF[1)]
구조조정의 피땀으로
21세기 세계 속에 우뚝 설 대한민국이거라.

(1998. 8. 15.)

---

1) International Monetary Fund

박세리의 하얀 발은 말하고 있다

US오픈여자골프대회 마지막 날
미 위스콘신주 블랙울프런 골프장 18번 홀
박세리가 티샷한 볼은
물속으로 빠져 들어가기 직전
아슬아슬 멈춰 섰다.

워터헤저드에서 벌타를 먹고 드롭할 것인가?
모 아니면 도란 식으로 직접 그린을 노릴 것인가?
선택의 기로에 선 박세리는
침착하게 정석대로
볼을 쳐냈다.

우리는 지금 IMF체제라는 물가에 서서
선택을 강요받고 있다.
이 순간 누가 모든 것을 벗어 던지고
물속으로 뛰어들 수 있을까?
박세리의 하얀 맨발은 말하고 있다.
우리 최선을 다해 이 어려움을 극복하자고 ……

(1998. 7.)

뉴밀레니엄(여명 2000)

새천년 새아침이 밝았다.
만월산에서 새해를 맞았다.
2000년 1월 1일 태양은 암울하게 떠올랐다.
지난 1000년
대립과 갈등, 반목의 역사를
떨쳐버리기가 무거워서일까?
아니면,
오는 1000년
조화와 상생(相生), 믿음의 세계를
잉태하기 위한 산고의 끝일까?
하지만,
구름사이에 낀 해를 보는 순간
너나 할 것 없이 소리쳤다.
모두가
저 찬란한 빛과 함께 하는 순간이었다.
우리 이 땅에
평화와 자유 그리고, 풍요의 틀을 짜보자는
간절한 기도를 하면서 말이다.

(2000. 1. 1.)

大韓民國

大韓民國,
님은 나의 祖國입니다.
님은 民主共和國입니다.
國民의,
國民에 의한,
國民을 위한,
민주주의 나라입니다.

大韓民國,
님은 나의 요람입니다.
님은 自由의 몸입니다.
不自由,
不平等,
無秩序한 人間의 굴레가 아닙니다.

님이시여!
이 땅에 진정한 自由를 주소서.
이 땅에 진정한 平等을 주소서.
님이시여!
우리에게 인간다운 삶을 주소서.
우리에게 살아있는 法을 주소서.

(1981. 1. 10.)

정치(政治)

좋은 사람 좋은 정치
나쁜 사람 나쁜 정치

정치꾼은 다음 선거를
정치가는 다음 세대를

국민이 원하는 대로
먹고 살 수 있도록

돌보고 돌봐야
좋은 정치지

대통령의 불행

망명,
피살,
유배,
구속,
자살
다음엔 어떤 말로일까?

正義

어느덧
不惑의 나이지나
見蚊拔劍이 아닌
見利思義의 慧眼으로
이 나라
正義의 守護神이어라

權力
金力이 끄는 쪽으로
正義가 기울지 않게끔
한손엔 칼을 든
눈 뜬
저울이거라

男女老少 모든 이에게
자기 몫이 돌아가도록
너는
殺身成仁하여
社會淨化의
井華水가 되거라

(1993. 12. 法律新聞 創刊 43周年에 부쳐)

재판

똑 같은 것을 가지고
한 사람은 희다
또 한 사람은 검다하며
다투는 게 소송이라

흰 사람 검은 사람
천칭에 올려놓고
어느 쪽으로 기우는지
보는 게 재판이라

빠짐없이 말하고
성심껏 들어주어
어느 게 참인지 거짓인지
판단하는 게 판결이라

(1995. 7.)

1981년

온 누리가 하얗다.

1981년 새아침
새 歷史의 장이 열리고 있다.
虛아닌 眞,
惡아닌 善,
醜아닌 美의 꽃을
이 땅에 피워다오.

1981년 새날
새 時代의 막이 오르고 있다.
自由,
民主,
法治의 꽃이여!
이 땅에 활짝 펴다오.

(1981. 1. 1.)

出馬辯[1)]

서민들의 숨통을 쥐었다 놨다 하는
무서운 권력자가 되기 위해서가 아닙니다.

없는 사람들의 밥줄을 끊었다 이었다 하는
無所不爲의 정책 입안자가 되기 위해서도 아닙니다.

이 민족, 이 국가의 장래를 혼자서 들었다 놨다 하는
위대한 애국자가 되기 위해서는 더더욱 아닙니다.

그저, 잘못된 법·제도로 피해를 보는
우리 이웃들의 울화통을 삭히기 위해서입니다.

1) 내가 제15대 국회의원 선거에 입후보한 이유는?

이제 바꿉시다

이 나라 정치가 깨끗합니까?
아니오, 돈에 오염되어 있습니다.

이 나라 경제가 튼튼합니까?
아니오, 비틀거리고 있습니다.

이 나라 사회가 건강합니까?
아니오, 엉망진창입니다.

이 나라 문화가 건전합니까?
아니오, 그저 안타까울 따름입니다.

(1996년 제15대 총선)

문민정부

문민정부는,
끝이 보이지 않는 대형 사고의
부실 정부

문민정부는,
무원칙한 통일외교의
무능 정부

문민정부는,
비틀거리는 중소기업의
부도 정부

문민정부는,
세도(稅盜)들로 들끓는
부패 정부

문민정부는,
독선과 권위주의가 판치는
독재 정부

(1995~1996년의 대한민국)

김연아

푸른 드레스 입고
거쉰〔George Gershwin〕의 선율에 맞춰
피겨 스케이팅을 타는
연아는
우아하게 치솟아
구름 위를 떠다니는 듯
퍼펙트했다.

연아는
감동을 넘어
우리를 취하게 했다.
동영상을 보고 또 봐도
지겹지가 않다.

그녀가 있어
대한민국이 자랑스럽습니다.
대한사람이 행복합니다.

(2010. 2. 26.)

樂山樂水

– 論語의 雍也編

知者樂水,

仁者樂山.

智者動,

仁者靜.

智者樂,

仁者壽.

지혜로운 사람은 물을 좋아하고,

어진 사람은 산을 좋아한다.

지혜로운 사람은 움직이고,

어진 사람은 고요하다.

지혜로운 사람은 즐겁게 살고,

어진 사람은 장수한다.

설악산

푸근한 아낙네와
빼어난 남정네가 모여
온 바람을 껴안은 채
동해에 우뚝 솟은 산

용이 승천하던 날
선녀도 목욕하다 하늘로 올라간 이곳에
암봉(岩峰)과 계곡이 어우러져
한 폭의 수묵화를 빚어내네.

이 땅에 사는 모든 이에게
살맛나게 하는 곳
아! 이제야 알 것 같다.
달마가 동쪽으로 간 까닭을 ……

白頭山

1

칠천만 백의민족의 聖山
꿈에 그리던 白頭山
벅찬 가슴을 안고
단숨에 오르다

모든 게 잠든 하늘 아래
羅漢力士들처럼
우두커니 서 있는
톱날 같은 봉우리들

신비한 精靈이 깃든 듯
서서히 하늘이 열리고
그득 물을 담은 채
그리도 그리던 天池가 펼쳐진다.

2

天地를 진동하는
長白瀑布를 뒤로 한 채
조용한 天池는
아는지 모르는지
이 民族의 피맺힌 절규를

아!
우리 함께
목청 높여 불러보자
우리는 하나다

이 白頭와 같이
굳건하게
이 天池와 같이
묵묵하게
그날을 기다리자

(1993. 8.)

한라산

설문대 할망이
일곱 삽 흙을 떠서 던지니
그게 한라산이 되었다고
설문대 할망이
한라산을 베개 삼아
발끝을 바다에 담갔다나

홀로 철쭉융단 길을 오르다
돌아가라네.
예서 말수는 없지 않은가
돌아돌아 오르니
어느덧 백록담이랍니다.
햇살에 싱그러움을 더해주더이다.

저 멀리
거뭇한 벌판을
노오란 유채꽃이
가득 메우고
끝없는 쪽빛 바다가
오롯이 감싸고 있소.

그리운 금강산

대한 사람이면 누구나
한번쯤 보고 싶어 하는 산
그리운 금강산[1)]

어두운 밤바다 거친 파도를 가르며
반세기 향해 끝에
발을 디뎌 본 산
그리던 금강산

1) 蘇東坡도 "願生高儷國一見金剛山"이라 읊었다.

꽃이 붉어 金剛
잎이 푸르러 蓬萊
단풍에 취해 楓嶽
백설에 잠든 皆骨[2)]
계절마다 옷을 갈아입는 산

분단의 시간이 길어진 만큼
금강 골도 깊어만 간다.
남북이 함께 찾을
그 날은 언제?

(1999. 10. 9.~12.)

---

2) 봄에는 金剛, 여름에는 蓬萊, 가을에는 楓嶽, 겨울에는 皆骨이라 불린다.

太白山

太白은
푸근한 어머니 품 같다.
모난 구석이 없어
마음이 평온하다.

천제단에서 나는 빈다.
　세계평화를,
　조국통일을,
　깨끗한 정치를,
　튼튼한 경제를,
　건강한 사회를,
　화목한 가정을,
　그리고 부끄럼 없는 삶을
나는 빌었다.

(1996. 7. 30.)

九龍淵으로 가는 길

삼록수에 목을 축이고
金剛門을 지나니
白玉같은 반석 위로
흐르는 碧玉 있으니
여기가 玉流潭

하늘엔 봉황이 날고[1)]
땅에선 봉황이 춤출 때[2)]
달밤 팔선녀가 목욕하다[3)]
아홉 마리 용과 같이 승천해 버린
여기는 九龍瀑布

(1999. 10. 11.)

1) 飛鳳瀑布
2) 舞鳳瀑布
3) 上八潭

雉岳山 비로봉에 오르다

잉크 빛 감도는
구룡소 옥수에
넋이 나가고,
깎아지른 능선
사다리 병창에서
온몸이 지쳤다.

비로봉 천이백팔십팔 고지엔
三道 돌이 모여
탑을 이루고,
첩첩 산등성이는
산짐승 몸뚱인 양
푸근하기만 하다.

아홉 마리 용
報恩의 꿩은
간 데 없고,
넓둥근 멍석에
우짖는 까치만이
山寺를 지키고 있구나.

(1994. 4. 9.)

俗離山 法住寺

열두 굽이
말티재를 넘어
九峰九曲에 이르니
바로 여기가
俗世를 떠난 仙景이구나.

아름드리
오리 숲을 지나오다
옥같은 물
붉게 물든 단풍에
내 마음은 하나가 되네.

大慈大悲
三身佛의 법이 常住하기에
영원한 진리를 찾을 수 있고
청동미륵대불의 미소가 있기에
세속의 괴로움을 씻을 수 있구나.

(1993. 10. 10.)

鷄龍山

산봉우리[1])가 어우러져
닭 볏을 쓴 용이라
기암괴석이 연출하는
靈山의 품에 파묻혀

비구니 독경소리
계류의 물소리
청량한 새소리를 듣다보니
世俗雜事를 잊게 하누나!

(1995. 5. 21.)

1) 상봉, 연천봉, 관음봉, 삼불봉.

七甲山[1)]

일곱 갈래 산봉우리
충남의 알프스라

비단 폭 휘감은 듯
아홉 굽이 구곡지천

베적삼을 풀어 헤친
콩밭 매던 아낙네

한마음으로 살고지고
나무관세음보살

(1995. 7. 31.)

---

1) 地·水·火·風·空·見·識 七甲이요, 철쭉·송림·계곡·호수·단풍·설경·온천 七景이라.

德裕山

덕이 많아
너그러운 산
여유가 배어
넉넉한 산
그래서 德裕라

첩첩 능선
황소등인 양
연이어 있고
숱한 웅덩이 기암괴석
무주구천동 33경이라

봄 철쭉
여름 주목
가을 적상
겨울 눈꽃
계절 따라 色과 香이 다르다네

(1998. 10. 6.)

桂陽山

지는 해를 온몸으로 맞으며
넓은 들판 위
우뚝 솟은 인천의 진산(鎭山)[1)]

일천구백삼십칠 척(尺) 계양산성(桂陽山城)[2)]
허물어져 내린 채
한만 머금었구나!

계수나무 회양목 아래[3)]
임꺽정이 발호하던[4)]
그 모습 간 데 없고

---

1) 지난날, 도읍이나 성시(城市)등의 뒤쪽에 있는 큰 산을 이르던 말.
2) 삼국시대 백제가 남하하는 고구려에 대항하기 위해 쌓은 성으로 석축 둘레가 1,937척이나 되었다고 한다. 임진왜란 때에는 부평부사 김시회가 계양산성을 수비하다가 왜군이 나타났다는 소문만 듣고 겁나 줄행랑을 쳤다고 한다.
3) 계양산은 계수나무의 '계'자와 회양목의 '양'자를 한자씩 따서 계양산이라고 이름 지었다고 한다. 안남산(安南山)이라고도 불렸다.
4) 서곶으로 넘어가는 고개로 징맹이고개가 있었는데, 이곳은 조선시대의 유명한 의적 얘기인 「임꺽정전」의 무대가 되기도 하였다.

용이 승천했다는
은행나무만이 자리를 지킬 뿐[5)]
목탁소리 끊긴 지 오래구나.[6)]

안남산에 올라보니
이규보 향기는 간데없고[7)]
뿌연 연기만이 앞을 가리는 구나

개항의 그날
관문을 지키던
중심(衆心)이 서린 징맹이고개 위에[8)]

산새가 우짖고
들짐승이 뛰노는
그날이 오기를……

(1993. 7. 7.)

---

5) 부평초등학교 교정에 서 있는 은행나무는 높이가 약 25미터, 나이가 약 500 살쯤 된다고 하는데, 어느 무더운 여름날 갑자기 천둥 번개가 치고 소나기가 억수같이 퍼붓더니 이윽고 비가 걷히면서 오색찬란한 무지개가 이 은행나무에 걸렸고, 이때 은행나무에서 나타난 용이 하늘로 올라갔다는 얘기가 있다. 은행나무에는 지금도 용이 빠져 나간 큰 구멍이 뚫려 있다.
6) 계양산에는 만일사, 명월사, 봉일사 등 12개의 절이 있었다고 한다.
7) 고려시대 문인인 이규보가 부평부사로 왔을 때 계양산에 올라 그 아름다운 경치를 시로 읊었었다.
8) 중심성지(衆心城地)는 징맹이고개 위에 있었는데, 이것은 조선시대 고종 때 백성들이 마음을 모아 쌓았다고 하여 이름 지어진 중심성의 터로, 이 성이 세워진 때가 인천항이 개항된 1883년이기도 하다.

江華島

강화 남쪽 해안가
용솟음친 마니산 정상
단군 영령이 깃든 참성단에선
해마다 칠선녀가
성화를 밝히고

전등사 대웅보전 네 귀퉁이
사랑을 저버린 裸女는
깨달음을 얻지 못한 지 오래고
그을린 은행나무가
사바세계 중생의 과욕을 꾸짖고 있는 듯 ……

몽고군 말발굽 소리를 삼킨 채
섬과 뭍 사이로 염하는 흐르고,
호국영령들의 피눈물인 양
검붉은 잡초들이 돋아날 때
강화도는 누구보다도 가슴 아파했었다.

화약 냄새가 풍기는[1]
비운의 역사를 뒤로 한 채
지금 강화는
역사의 숨결로
다시 살아나고 있다.

(1994. 7. 29.~31.)

---

1) 초지진, 덕진진, 광성보.

馬耳山

봄 돛대봉
여름 용각봉
가을 마이봉
겨울 문필봉
이처럼 마이산은
그저 바라보고 싶을 뿐이다

콘크리트 타설한 듯
쫑긋한 두 귀 언저리엔
억조창생(億兆蒼生) 구제하고
속세업고(俗世業苦) 씻은 채
바람에 흔들리는 돌탑들이
그저 세월을 품을 따름이다

(1998. 10. 7.)

임진나루터

유유히 흐르는 임진강은
예나 지금이나 다름없건만
물살 헤치고 오가던 돛단배는
그 어데 갔더냐.

강 건너 저편엔
정적만이 감돌 뿐
아름드리 노송과 槻木 그늘 속
花石亭 그 옛 정취는 간 데 없구나.

(1993. 5. 28.)

정선아우라지

산이 좋다.
물도 좋다.
산이 높아
골도 깊다.
톡 쏘는 약수[1]
오싹한 동굴[2]
여기가
산과 물이 어우러진
무공해
우리 땅

(1996. 7. 28.)

1) 畵岩藥水
2) 화암동굴

청령포(淸泠浦)

푸른 강물 싸고도는 청령포에서
세상을 돌아보라.

어린 단종이 보이고
피맺힌 소리가 들리지 않는가?[1]

하루 한 개씩 돌을 쌓던[2] 두견[3]
그 외로움을 아느냐?

(2000. 8. 4.)

---

1) 觀音松
2) 望鄕塔
3) 단종의 子規詩(한 마리 원한 맺힌 새가 궁중에서 나온 뒤로 외로운 몸 짝없는 그림자가 푸른 산속을 헤맨다. 밤이 가고 밤이 와도 잠을 못 이루고 해가 가고 해가 와도 한은 끝이 없구나. 두견새 우는 소리 끊어진 새벽, 묏부리엔 달빛만 희고 피를 뿌린 듯한 봄 골짜기에 지는 꽃만 붉구나. 하늘은 귀머거리인가? 애달픈 하소연 어이 듣지 못하는지 어쩌다 수심 많은 이 사람의 귀만 홀로 밝는고!).

환선굴(幻仙窟)

물과 시간이 빚어낸1)
지하 궁전에서2)
사랑의 맹세를 하다가3)
지옥에 떨어지려는 순간4)
오백나한의 도움으로
천당에 이르러5)
만마지기 논을 갈며6)
생명의 샘물을 마시니
어느덧 환생하여7)
만리장성에 올랐네.8)

(2000. 8. 6.)

---

1) 新天地 : 만물상.
2) 希望峯 : 꿈의 궁전.
3) 素望溪谷 : 사랑의 맹세.
4) 地獄溪谷 : 지옥소.
5) 天堂溪谷
6) 統一廣場
7) 幻生溪谷
8) 이승계곡

용연동굴(龍淵洞窟)[1]

낭만열차를 타고[2]
금대산에 올라보자

동굴광장에 이르니
리듬분수가 반갑게 맞아준다.

도깨비, 박쥐, 드라큐라, 죠스를 피해[3]
칠계단으로 천상에 오르니[4]

독불장군 혼자[5]
환희를 즐기고 있었다.[6]

(2000. 8. 6.)

---

1) 국내 최고지대(920m)에 위치한 건식자연동굴로서 3억년 내지 1억 5천만년 전 생성된 석회동굴(강원도 지방기념물 제39호).
2) 용연열차라는 트랩카.
3) 도깨비성, 박쥐의 고성, 드라큐라성, 죠스의 무덤.
4) 천상칠계단
5) 독불장군
6) 환희(나살리도)

진도

한과 신명이 녹아든
진도아리랑
망자의 못다 푼 한을 풀어 주는
씻김굿
이처럼
진도에는 구성진 소리가 있다.

흙벽 돌담마다
삼별초의 얼이 깃든 남도석성(南桃石城)
쇠사슬에 묶인 채 끌려 간
무명용사 혼을 달래 주는 명량대첩비
이래서
진도에는 역사가 있다.

小癡, 米山, 南農의[1)]
손때 묻은 산수화
둥실둥실 땅 너머
그림처럼 펼쳐진 다도해
여기
진도에는 아름다움이 있다.

(1994. 8. 11.)

1) 許維, 許瀅, 許楗의 號.

변산반도(채석강 來蘇寺)

수천수만 권 책을 쌓아 놓은 채
이태백이 한잔하고 간 자리
채석강은
어느덧 저녁 해에 붉게 물들고

白砂青松과 어울려
소동파가 노닐다 간
赤壁江에는
저만치 달그림자가 드리우고

병풍처럼 에워싸인 준봉 사이로
장쾌하게 쏟아 붓는 직소폭포
장엄한 교향곡 되어
전나무 숲에 울려 퍼지네.

(1994. 6. 5.)

하회마을

강물이 휘돌아
태극형상이라

헛제사로
허도령 넋을 달래고

松林과 어울려
별신굿 판이 벌어지네.

이 땅의 安寧秩序를 위하여,
이 백성의 無病長壽를 위하여,

(1996. 9. 28.)

울릉도

울렁울렁
웩웩거리는 소리에
덩달아 나도 울렁댄다.
오동항에 발을 내딛는 순간
청량한 기운 덕에
속이 가라앉는다.

아슬아슬
깎아지른 암벽아래
오르락내리락 이어진
산책로[1]를 걷다보면
파도 따라
나도 일렁인다.

---

1) 좌안산책로

울퉁불퉁
돌아다니다
몽돌해변도 지나고
나리분지 너와집[2]에 이르니
개척민들 삶이 녹아있는
영화세트장 같다

쓱쓱쓱쓱
홍삼물회[3] 한 사발에
신선한 바다가 한꺼번에
입안에 들어온 기분이다.
파닥거리는 어부들의 싱싱한 삶
그 자체로 아름답다.

---

2) 일명 귀틀집
3) 홍삼(붉은 해삼), 미나리, 풋고추, 오이, 상추, 배를 초고추장, 양념장, 통깨에 비빈다.

때 묻지 않은 숲
불끈 솟은 암벽[4)]
바다로 떨어지는 폭포[5)]
산비탈에 일궈 놓은 밭
에메랄드빛 바다
울릉울릉 울릉도라네.

(2005.)

4) 코끼리바위, 곰바위, 만물상, 노인봉, 송곳봉.
5) 봉래폭포

慶州

크고 작은 바위 하나하나
골짜기 마다마다
신라인의 숨결이
살아 숨 쉬는 곳

날마다 새롭게 떠오르는
아침 햇살을 받으며
이 땅에
진리의 빛으로 천지만물을 밝히는
吐含山 石窟庵

천 년 침묵 속에
時空을 뛰어넘은
極樂淨土 佛國에서
신라 여인의 미소를 되새기며[1]
사바세계 백팔번뇌를 씻어본다.

(1993. 12. 25.)

---

1) 얼굴무늬 수막새 : 미소 짓는 신라여인의 모습.

꽃지에서

해가진다.
또 한해가 간다.
먹구름이 앞을 막는다.
해야 가거라.
온 세상의 더러움과
인간들의 사악함을
모두 모두 삼키고
해야 가거라.

(2000. 12. 31.)

지삿개 모시기 정[1)]

석공이 다듬어 세운 듯
거북등처럼 달라붙은
육각형 주상절리(柱狀節理)
서귀포 턱 밑에
바자울 치고
삼다도를 지키네.

(1998. 8. 5.)

1) 모난 기둥으로 이루어진 해안절벽을 뜻하는 제주도 말.

牛島

머리를 내민 채 누워있는
한 마리 물소 곁에선
돌고래 쇼가 펼쳐지고,

소머리 오름 아래
깎아지른 절벽 해식동굴엔
때 아닌 晝間明月이라.[1]

(1998. 8. 4.)

---

1) 남쪽 해식동굴에 큰 밥상크기의 반석이 있어 동굴 내로 햇빛이 비치면 동굴천장으로 반사되어 마치 낮에 달을 보는 듯 하다하여 붙여진 우도 8경〔주간명월(晝間明月), 야항어범(夜航漁帆), 천진관산(天津觀山), 지두청사(指頭靑沙), 전포망도(前浦望島), 후해석벽(後海石壁), 동안경굴(東岸鯨窟), 서빈백사(西濱白沙)〕의 하나.

가파도(갚아도)좋고 마라도(말아도) 좋고[1]

대한민국 최남단
시작인지 끝인지
더 갈 곳은 없어라.

갚거나
말거나
후한 우리네 인심.

할르방[2] 할망당
국태민안(國泰民安) 빌어보네.
세찬 풍파(風波) 이겨내라고…

(1998. 8. 3.)

---

1) 가파도와 마라도 사람들의 서로 보듬고 살아가는 도타운 인정과 인심을 타나내는 말.
2) 할르방이 땅에 살고 있는 할망을 만나러 내려오는 길목이라는 장군바위.

馬羅島

융단 잔디 소똥개떡 물없어 봉천수(奉天水)라
가지마라 마라도(禁島) 특별한 게 없다네
아직도 아기업개[1]는 잠들지 못했는가!

우리 땅 최남단 시작인지 끝인지
가지마라 마라도(禁島) 특별한 게 없다네
하지만 언젠가는 전초기지 되겠지

1) 아기업개의 전설 : 지금부터 백년 전, 이 섬은 금섬(禁島)이라 하여 함부로 드나들면 흉년이 든다 했다. 어느 날 상모리에 사는 이씨가 부인과 '아기업개'(아이 보는 처녀)를 데리고 이 섬에 산나물을 캐러 왔다가 풍랑을 만났다. 하룻밤을 지내는데 꿈에 현몽하기를 신령이 처녀를 두고 가라 한다. 인정에 못 이겨 데리고 출발하려 하니, 폭풍이 더욱 거세어졌다. 하는 수 없이 우는 처녀를 떼어놓고 출발하니 바다는 잠잠해졌다. 3년 후 이 섬을 찾아와 보니 아기업개는 울다 앉은 채 죽어 뼈만 남아있었다. 지금도 섬사람들은 할망당을 지어 '아기업개'의 넋을 위로하고 있다.

푸슈킨 · 삶[1)]

〔산다는 것에 대한 명쾌한 대답〕

삶

- 푸슈킨

삶이 그대를 속일지라도
슬퍼하거나 노하지 말라!
우울한 날들을 견디면 믿으라,
기쁨의 날이 오리니.

마음은 미래에 사는 것
현재는 슬픈 것
모든 것은 순간적인 것,
지나가는 것이니
그리고 지나가는 것은 훗날 소중하게 되리니.

삶이 그대를 속일지라도
젊고 달콤한 희망에 숨쉬며
언제가 영혼이 썩는 육신에서 빠져나와

1) 이는 본인이 문학사상사 발간(2002년) 『나를 매혹시킨 한편의 시』 제6권에 기고하여 실린 글이다.

한결같은 그리움, 기억, 사랑을 끝없는 창공으로
가져간다고 믿는다면-

맹세코! 난 오래전에 이 세상을 버렸으니
삶을, 흉한 우상을 부수고
자유와 즐거움의 나라로 떠났으리
죽음이 없고, 편견도 없는 나라.
오직 창공의 순수함 속에 그리움만이 흐르는 그곳으로……

그러나 이 바람은 헛것이고 무력한 것을
내 이성은 고집스레 내 희망을 경멸하고……
무덤 뒤 나를 기다리는 것은 아무것도 없다고……
전연 아무것도 없다고!
무섭다……?
슬프게 다시 삶을 바라보며
나는 오래 살고 싶어진다.
내 우울한 영혼 속에
사랑하는 이의 모습이 감추어져 오래 불타라고

산다는 것에 대한 명쾌한 대답

푸슈킨은 서정시인으로서 러시아문학 전기 낭만주의를 대표하는 작가다. 푸슈킨 시의 특징은 절제와 표현력이 풍부한 시어에 있다.

푸슈킨은 영국의 셰익스피어와 바이런의 영향을 받아 간결한 문체로 우리 인간이 사회에서 처한 상황을 노래하고 있다. 그 당시 러시아의 시대적 상황이 농노제 아래 있었기 때문에 푸슈킨은 현실을 직시하여 깊은 사상과 높은 교양으로 현실을 노래했다. 이 작품 역시 그런 맥락에서 우리 인간사의 苦盡甘來를 압축하여 표현했다.

이 시는 내가 대학에 들어간 뒤 사법시험 준비를 하면서 많이 읊조렸던 것 같다. 여러 번 고시공부에 떨어져도 보고 결국에는 합격하여 현재 변호사로서 생활하고 있지만 그 당시 고시 공부할 때는 이 시가 하나의 위안이 되었다.

우리가 그저 '산다'는 것은 막연히 사는 사람의 생존, 즉 존재를 의미하고, '삶'이라고 할 때는 그저 막연히 살아 있는 그 자체가 아니라 그 어떤 난관이라도 돌파하면서 끝까지 살아보려고 노력하는 사람의 생활을 의미한다고 할 것이다.

바로 이 푸슈킨의 〈삶〉이란 시가 이를 대변해 주고 있는 것 같아 난 이 시를 좋아한다. 우리가 삶을 산다는 것은 얼마나 어려운 일인가?

이 시는 이에 대하여 명쾌하게 답하고 있다. 그렇다. 삶은 내 뜻대로 되는 것은 결코 아니다. 살다보면 맑은 날도 있고 궂은 날도 있기 마련이다. 하지만 우리가 인생을 살면서 그게 운명이려니 하고 안주(安住)해서는 안 될 것이다. 우리가 하는 노력 여하에 따라 얼마든지 인생은 바뀔

수 있기 때문이다. 인생에 있어 운명과 노력은 반비례한다고 할 수 있다. 인생은 운명이라는 오목한 쌍곡선과 노력이라는 볼록한 쌍곡선의 만남인 것이다.

삶이 그대를 속일지라도
슬퍼하거나 노하지 말라!
우울한 날들을 견디면 믿으라,
기쁨의 날이 오리니.

그는 아마 인생은 하나의 사기극 혹은 속임수라고 말하고 있는지도 모르겠다. 하지만 설사 그렇다고 하더라도 최선을 다하라는 당부의 말을 잊지 않고 있다.

우리는 이따금 어떻게 사느냐보다는 왜 사느냐 하는 원초적 물음에 접하게 된다. 시인 김상용은 왜 사느냐고 물으니 그냥 웃었다.

남으로 창을 내겠소.
밭이 한참갈이
괭이로 파고
호미론 풀을 매지요.
구름이 꼬인다 갈 리 있소.
새 노래는 공으로 들으랴오.
강냉이가 익걸랑
함께 와 자셔도 좋소.

왜 사냐건
웃지요

- 김상용 <남으로 창을 내겠소>

자연에 순응하면서 분수에 맞게 사는 삶, 그리고 작지만 소망이 있는 삶, 게다가 자기의 처지를 달관하여 낙천적이고 인간미 넘치는 삶을 살 수 있다는 게 얼마나 좋은 일인가? 스스로 분수를 알고 만족하면서 사는 삶, 즉 安分知足하는 삶은 중국 당나라 시선 이백의 山中問答이라는 시에도 잘 나타나 있다.

問余何事棲碧山　왜 푸른 산중에 사느냐고 물어봐도
笑而不答心自閑　대답 없이 웃으니 마음 절로 한가롭다.
桃花流水杳然去　복사꽃 띄운 물 아득히 흘러가니
別有天地非人間　별인간세상이 아닌 별천지에 있다네.

시인 조지훈에게 무엇 때문에 사느냐고 물으면 살기 위해 산다고 했다. 살아 있음 그 자체가 우리에게 기쁨일 수 있다. 삶이 기쁨이기 위해서는 꿈이 있어야 하고, 그 꿈을 이루기 우해 정성을 다하는 자세가 필요할 것이다. 그렇다. 살 줄 아는 만큼 일할 줄도 아는 삶, 이게 질(質) 있는 삶이 아닐까?

그래서 푸슈킨 역시 “마음은 미래에 사는 것”이라고 하지 않았는가. 미래가 있기에 비록 오늘은 슬프다고 하더라도 살맛나는 것이 아니겠는가? 푸슈킨은 어떻게 보면 자기가 처한 시대적 상황에서 달관의 위치에 서 있었는지 모르겠다. 하지만 달관한 듯 인생을 말하면서도 그 이면에 우울감이 숨어 묻어나는 것은 왜 그럴까? 그러면서도 이를 감추려는 성인의 모습을 보이고 있어 더욱 삶의 의미를 새삼스럽게 되돌아보게 된다.

日日新又日新

날마다 새롭게, 그러면서도 다시 한 번 자신을 발견하고 되찾는 일이 바로 우리네 삶이라고 생각한다.

어린 시절 우린
뭘 먹고 살았나요?
밤하늘 별을 따며
꿈을 먹고 살았습니다.

어린 시절 우린
뭘 믿고 살았나요?
그 꿈이 언젠가는 이뤄지겠지
믿고 살아왔지요.

지금 우린
뭘 먹고 사나요?
아직도 별을 헤아리고 있나요?
아직도 이루지 못한 꿈이 있나요?

하지만 우린
풍요 속 빈곤에
불확실한 미래에
속고 또 속으며
살고 있네요.

- 졸시 <삶>

■ 저자약력

한양대학교 법정대학 법학과 졸업
연세대학교 행정대학원 사법행정학과 졸업
서울대학교 사법발전연구과정 수료
연세대학교 특허법무대학원 고위자과정 수료
인하대학교 대학원 졸업 (법학박사)
(현) 인하대학교 법학전문대학원 겸임교수
법무법인 우리법률 대표변호사

■ 저서·논문

우리나라 항고소송의 대상으로서 처분성과 소의 이익에 관한 연구(박사학위논문)
(시집) 징맹이고개 위에 쌓은 마음 (형성사, 1995)
(시집) 삶의 뜨락 (선, 2000)
법은 밥이다 (법률시대, 2001)
법과 사회 (도서출판 미산, 2004)
살아있는 법률 강의 (도서출판 미산, 2004)
항고소송론 (도서출판 미산, 2005)
행정구제법 (도서출판 미산, 2005)
행정작용법 (도서출판 미산, 2006)
행정법통칙 (도서출판 미산, 2006)
행정법총론 (도서출판 미산, 2009)
판례중심 행정소송법 (도서출판 미산, 2009)
(시집) 휴(休) (도서출판 미산, 2010) 외 다수

식息 [ISBN 978-89-958680-3-4]

발행일 2010년 3월 16일 초판 1쇄 발행
저 자 **진 영 광**
발행인 **진 학 범**
편 집 **새벽동산**
발행처 **도서출판 미산(嵋山)**
인천광역시 부평구 부평4동 373-26 추인타워 301호
전화 (032) 517-5002
FAX (032) 529-2134
등록 2004. 4. 6. (2004-3)
E-mail : modjin@paran.com

· 정가 10,000원